# The Dolphin, The Girl, And The Star And Other Bilingual Spanish-English Stories For Kids

Pomme Bilingual

Published by Pomme Bilingual, 2024.

THE DOLPHIN, THE GIRL, AND THE STAR AND OTHER BILINGUAL SPANISH-ENGLISH STORIES FOR KIDS

**First edition. September 19, 2024.**



Written by Pomme Bilingual.

# Table of Contents

# El Delfín, la Niña y la Estrella

Había una vez, en una pequeña aldea junto al océano, una niña llamada Sofía. Sofía amaba el mar. Pasaba horas en la orilla, observando las olas, recolectando conchas y soñando con los misterios que se escondían en las profundidades del agua. Una tarde, cuando el sol comenzaba a bajar en el horizonte, Sofía notó algo brillante que se movía en el mar. No era el reflejo del sol, sino algo mucho más mágico: una estrella fugaz que parecía haber caído en el agua.

Sin dudarlo, Sofía corrió hacia el agua y se adentró hasta que las olas le llegaron a la cintura. Se quedó mirando el punto donde la estrella había desaparecido en el agua, pero antes de que pudiera hacer algo más, escuchó una suave voz a su lado.

—Hola —dijo una voz amable.

Sofía giró la cabeza y vio a un delfín plateado que nadaba cerca de ella. Sus ojos eran profundos y sabios, y había algo especial en su sonrisa.

—Soy Delmar —dijo el delfín—. He venido a ayudarte.

Sofía parpadeó, sorprendida. Nunca había hablado con un delfín antes.

—Ayudarme... ¿con qué? —preguntó.

—La estrella que viste caer al agua —respondió Delmar—. No es una estrella común. Es una estrella de los deseos, y ha venido a ti porque sabe que tienes un corazón puro.

Sofía se quedó en silencio. La idea de una estrella de los deseos era algo que solo había leído en los cuentos, pero mirando los ojos sinceros de Delmar, supo que debía ser verdad.

—¿Qué debo hacer? —preguntó finalmente.

—Debes encontrar la estrella y devolverla al cielo —dijo Delmar—. De lo contrario, el océano perderá su brillo y la noche se quedará sin estrellas.

El corazón de Sofía dio un vuelco. El océano era su lugar favorito en el mundo. No podía imaginarlo sin su brillo. Sabía que tenía que ayudar.

—Te ayudaré, pero... ¿cómo encontraremos una estrella en el vasto océano?

—Confía en mí —dijo Delmar—. Yo conozco el camino.

Delmar se sumergió en el agua y Sofía lo siguió, nadando a su lado. A medida que se adentraban más y más en el océano, Sofía sintió que algo mágico ocurría. Las olas, que solían ser frías y saladas, ahora la rodeaban con suavidad y calidez. Y aunque el sol ya se había puesto, el agua brillaba con una luz plateada que venía de las profundidades.

Después de lo que parecieron horas, llegaron a un lugar donde el agua era tan clara que Sofía podía ver el fondo del océano, y allí, en las profundidades, vio algo que brillaba intensamente.

—Allí está —susurró Delmar—. La estrella de los deseos.

La estrella yacía en el fondo del océano, parpadeando suavemente. Sofía sintió un cosquilleo en su pecho. Tenía que alcanzarla, pero ¿cómo?

—No te preocupes —dijo Delmar, como si hubiera leído sus pensamientos—. Tienes el corazón de una exploradora. Si crees en ti misma, podrás llegar hasta ella.

Sofía respiró hondo. Sabía que Delmar tenía razón. Se sumergió profundamente en el agua, nadando hacia la estrella. Cada brazada la acercaba más y más, hasta que finalmente extendió la mano y la tocó.

En el momento en que sus dedos rozaron la estrella, una cálida luz la envolvió. Era una luz suave, pero poderosa, que parecía venir tanto de la estrella como de su propio corazón. Sofía supo entonces que la estrella no solo era un objeto brillante, sino un símbolo de esperanza, sueños y valentía.

Con la estrella en sus manos, Sofía regresó a la superficie, donde Delmar la esperaba con una sonrisa.

—Lo lograste —dijo Delmar—. Ahora, debes hacer un deseo.

Sofía miró la estrella que brillaba en sus manos. No sabía qué desear. Ya tenía lo más valioso: la amistad de Delmar y la magia del océano. Finalmente, decidió hacer un deseo no solo para ella, sino para todos.

—Deseo que el océano y el cielo siempre estén llenos de luz y esperanza para todos los que los miren —susurró.

La estrella brilló aún más intensamente, como si aceptara el deseo de Sofía, y luego, lentamente, comenzó a elevarse hacia el cielo. Subió y subió, hasta que finalmente se colocó entre las demás estrellas, iluminando el cielo nocturno.

Delmar nadó junto a Sofía y le dio un suave toque en la mano con su aleta.

—Tu deseo era sabio —dijo el delfín—. Has hecho que el mundo sea un lugar mejor.

Sofía sonrió, sintiendo una profunda paz en su corazón.

—Gracias por guiarme, Delmar —dijo.

—Siempre estaré aquí —respondió Delmar—. Cada vez que mires al océano o al cielo, recordarás esta aventura y la luz que llevas dentro de ti.

Sofía miró el cielo, donde la estrella de los deseos brillaba más intensamente que nunca. Sabía que su vida había cambiado para siempre.

# The Dolphin, the Girl, and the Star

Once upon a time, in a small village by the ocean, there was a girl named Sofia. Sofia loved the sea. She spent hours on the shore, watching the waves, collecting shells, and dreaming about the mysteries hidden in the depths of the water. One afternoon, as the sun began to dip below the horizon, Sofia noticed something shining in the sea. It wasn't the reflection of the sun, but something much more magical: a shooting star that seemed to have fallen into the water.

Without hesitation, Sofia ran to the water and waded in until the waves reached her waist. She stared at the spot where the star had disappeared, but before she could do anything else, she heard a soft voice beside her.

"Hello," said a kind voice.

Sofia turned her head and saw a silver dolphin swimming nearby. Its eyes were deep and wise, and there was something special about its smile.

"I'm Delmar," said the dolphin. "I've come to help you."

Sofia blinked, surprised. She had never spoken to a dolphin before.

"Help me... with what?" she asked.

"The star you saw fall into the water," Delmar replied. "It's not an ordinary star. It's a wishing star, and it came to you because it knows you have a pure heart."

Sofia was silent. The idea of a wishing star was something she had only read about in stories, but looking into Delmar's sincere eyes, she knew it must be true.

"What do I have to do?" she finally asked.

"You must find the star and return it to the sky," Delmar said. "Otherwise, the ocean will lose its sparkle, and the night will be left without stars."

Sofia's heart skipped a beat. The ocean was her favorite place in the world. She couldn't imagine it without its shine. She knew she had to help.

"I'll help, but... how will we find a star in the vast ocean?"

"Trust me," said Delmar. "I know the way."

Delmar dove into the water, and Sofia followed, swimming beside him. As they ventured deeper and deeper into the ocean, Sofia felt something magical happening. The waves, which were usually cold and salty, now surrounded her with warmth and softness. And even though the sun had already set, the water glowed with a silvery light from the depths.

After what seemed like hours, they arrived at a place where the water was so clear that Sofia could see the ocean floor, and there, in the depths, she saw something shining brightly.

"There it is," Delmar whispered. "The wishing star."

The star lay at the bottom of the ocean, softly twinkling. Sofia felt a tingle in her chest. She had to reach it, but how?

"Don't worry," said Delmar, as if reading her thoughts. "You have the heart of an explorer. If you believe in yourself, you can reach it."

Sofia took a deep breath. She knew Delmar was right. She dove down into the water, swimming towards the star. Each stroke brought her closer and closer, until finally, she stretched out her hand and touched it.

The moment her fingers brushed the star, a warm light surrounded her. It was a gentle but powerful light that seemed to come from both the star and her own heart. Sofia realized then that the star wasn't just a shining object, but a symbol of hope, dreams, and courage.

With the star in her hands, Sofia resurfaced, where Delmar was waiting with a smile.

"You did it," Delmar said. "Now, you must make a wish."

Sofia looked at the star shining in her hands. She didn't know what to wish for. She already had the most valuable thing: the friendship of Delmar and the magic of the ocean. Finally, she decided to make a wish not just for herself, but for everyone.

"I wish for the ocean and the sky to always be filled with light and hope for everyone who looks at them," she whispered.

The star glowed even brighter, as if accepting Sofia's wish, and then, slowly, it began to rise into the sky. Higher and higher it went, until it finally settled among the other stars, lighting up the night sky.

Delmar swam beside Sofia and gently touched her hand with his fin.

"Your wish was wise," said the dolphin. "You've made the world a better place."

Sofia smiled, feeling a deep peace in her heart.

"Thank you for guiding me, Delmar," she said.

"I'll always be here," Delmar replied. "Every time you look at the ocean or the sky, you'll remember this adventure and the light you carry inside you."

Sofia looked up at the sky, where the wishing star shone brighter than ever. She knew her life had changed forever.

# La Estrella Mágica

Había una vez un niño llamado Nico que vivía en un pequeño pueblo rodeado de montañas. Todas las noches, Nico miraba al cielo y soñaba con tocar las estrellas. Pero había una en particular que siempre brillaba más que las demás, una estrella que parecía estar llamándolo desde lejos.

Una noche, mientras Nico miraba por la ventana, vio cómo la estrella parpadeaba más intensamente que nunca. De repente, una suave voz resonó en su habitación.

—Nico —susurró la voz—. Necesito tu ayuda.

Nico se sobresaltó, pero la voz era tan suave y amigable que no sintió miedo.

—¿Quién eres? —preguntó Nico, mirando al cielo.

—Soy Estrella Brillante, y necesito que me ayudes a encontrar mi hogar. Me he perdido en el cielo y no puedo regresar.

Nico no lo pensó dos veces. Se puso sus botas, agarró su mochila y decidió ayudar a la estrella. Pero, ¿cómo llegar al cielo? Mientras pensaba, una luz suave descendió del cielo y rodeó a Nico. En un abrir y cerrar de ojos, estaba flotando entre las nubes.

La estrella flotaba a su lado, parpadeando con suavidad.

—Gracias por venir conmigo —dijo Estrella Brillante—. El camino es largo, pero con tu ayuda, sé que lo lograremos.

Así comenzó la gran aventura de Nico y Estrella Brillante.

Nico y la estrella volaron por el cielo hasta que llegaron a un denso bosque de nubes grises. Era tan oscuro que apenas podían ver.

—Este es el Bosque de las Nubes Oscuras —dijo Estrella Brillante—. Para atravesarlo, necesitamos encontrar el sendero de luz escondido.

Nico entrecerró los ojos, buscando algo en la oscuridad. Después de unos minutos, notó una pequeña chispa brillando en la distancia.

—¡Allí! —gritó, señalando el punto de luz.

Con cuidado, siguieron el rastro luminoso, que se hacía más brillante a medida que avanzaban. Pero pronto, comenzaron a escuchar ruidos extraños: susurros, risas tenebrosas y aullidos. Las nubes parecían moverse, tratando de confundirlos.

—No te preocupes —dijo Nico con valentía—. Solo tenemos que seguir la luz.

Finalmente, después de un largo rato, salieron del Bosque de las Nubes Oscuras. Delante de ellos, el cielo se abría despejado y brillante.

—¡Lo logramos! —exclamó Estrella Brillante, agradecida—. Gracias, Nico.

Después de atravesar el bosque, llegaron a un río inmenso hecho de viento. Las corrientes de aire rugían y formaban remolinos imposibles de cruzar.

—Este es el Río de los Vientos Salvajes —explicó Estrella Brillante—. Solo se puede cruzar si aprendemos a volar con el viento, no contra él.

Nico miró las poderosas corrientes y pensó en cómo podrían cruzarlo. Decidió observar el viento por un momento, estudiando los patrones de los remolinos.

—Creo que ya sé cómo hacerlo —dijo finalmente—. Tenemos que movernos cuando el viento es más suave, en esos momentos en que parece descansar.

Juntos, empezaron a moverse con cuidado. Cada vez que el viento amainaba, avanzaban un poco más. Estrella Brillante, siendo ligera, flotaba con gracia, y Nico seguía sus movimientos.

Después de mucho esfuerzo, lograron cruzar el río de viento sin ser arrastrados por las fuertes corrientes.

—¡Lo hicimos! —exclamó Nico, respirando aliviado.

Estrella Brillante brillaba aún más fuerte.

—Gracias por tu valentía y tu ingenio, Nico. Estamos un paso más cerca de mi hogar.

El siguiente lugar que encontraron fue aún más aterrador. Era una vasta llanura cubierta por nubes negras, y relámpagos caían por todos lados.

—Este es el Reino de los Relámpagos —dijo Estrella Brillante, temblando un poco—. Aquí, los relámpagos nunca descansan, y si nos alcanza uno, podríamos quedar atrapados aquí para siempre.

Nico sabía que debían ser rápidos y cuidadosos. Observó el patrón de los relámpagos, tratando de encontrar una ruta segura.

—Si corremos entre los relámpagos, podríamos evitar que nos alcancen —dijo.

—¿Estás seguro? —preguntó Estrella Brillante, nerviosa.

—Confía en mí —respondió Nico con una sonrisa—. Podemos hacerlo.

Esperaron un momento en que los relámpagos parecían calmarse, y luego corrieron a toda velocidad, zigzagueando entre las nubes. Cada vez que un relámpago caía cerca, Nico lo esquivaba hábilmente, llevando a Estrella Brillante a través del peligro.

Finalmente, llegaron al otro lado de la llanura, donde el cielo volvía a ser claro.

—¡Eres increíble, Nico! —dijo Estrella Brillante, resplandeciendo de felicidad—. ¡Estamos tan cerca!

Finalmente, después de todos los desafíos, llegaron a una montaña altísima hecha completamente de cristal. En la cima, brillaba una luz que parecía llamar a Estrella Brillante.

—Ese es mi hogar —susurró la estrella—. Pero para llegar allí, tenemos que escalar la Montaña de Cristal.

Nico miró hacia arriba. La montaña era empinada y resbaladiza, pero no iba a rendirse ahora.

—Vamos a hacerlo juntos —dijo con determinación.

Con mucho cuidado, comenzaron a escalar. Cada paso era difícil, pero Nico y Estrella Brillante no se dieron por vencidos. Usaron las grietas en el cristal como apoyo y se ayudaron mutuamente a subir.

Al cabo de un largo tiempo, llegaron a la cima. Estrella Brillante comenzó a brillar más y más, hasta que todo el cielo se iluminó.

—Gracias, Nico. Me has devuelto a mi hogar —dijo Estrella Brillante—. Nunca olvidaré lo que has hecho por mí.

De repente, una suave luz envolvió a Nico, y antes de que pudiera darse cuenta, estaba de vuelta en su habitación, mirando al cielo.

La estrella todavía brillaba intensamente, pero ahora lo hacía desde su lugar en el firmamento, feliz y en paz.

Nico sonrió. Sabía que su aventura había terminado, pero el recuerdo de su viaje con Estrella Brillante permanecería con él para siempre.

# The Magic Star

Once upon a time, there was a boy named Nico who lived in a small town surrounded by mountains. Every night, Nico would gaze at the sky and dream of touching the stars. But there was one star in particular that always shone brighter than the others, a star that seemed to be calling out to him from afar.

One night, as Nico stared out of his window, he saw the star twinkle more brightly than ever before. Suddenly, a soft voice echoed in his room.

"Nico," the voice whispered, "I need your help."

Nico was startled, but the voice was so gentle and friendly that he didn't feel scared.

"Who are you?" Nico asked, looking up at the sky.

"I'm Bright Star, and I need your help to find my home. I've gotten lost in the sky and can't find my way back."

Nico didn't think twice. He put on his boots, grabbed his backpack, and decided to help the star. But how would he reach the sky? As he pondered, a soft light descended from the sky and surrounded Nico. In the blink of an eye, he was floating among the clouds.

The star hovered beside him, twinkling softly.

"Thank you for coming with me," Bright Star said. "The journey is long, but with your help, I know we can make it."

And so began Nico and Bright Star's great adventure.

Nico and the star flew through the sky until they reached a dense forest of gray clouds. It was so dark that they could barely see.

"This is the Forest of Dark Clouds," said Bright Star. "To cross it, we need to find the hidden path of light."

Nico squinted, searching for something in the darkness. After a few minutes, he noticed a small spark glimmering in the distance.

"There!" he shouted, pointing to the flickering light.

Carefully, they followed the glowing trail, which grew brighter as they advanced. But soon, strange sounds filled the air: whispers, eerie laughter, and howling winds. The clouds seemed to shift, trying to confuse them.

"Don't worry," Nico said bravely. "We just need to follow the light."

Finally, after what felt like forever, they emerged from the Forest of Dark Clouds. Ahead of them, the sky opened up, clear and bright.

"We did it!" Bright Star exclaimed, grateful. "Thank you, Nico."

After passing through the forest, they reached an immense river made of wind. The gusts howled and spun in powerful whirlpools, making it impossible to cross.

"This is the River of Wild Winds," explained Bright Star. "It can only be crossed if we learn to fly with the wind, not against it."

Nico looked at the fierce currents and thought about how they could make it across. He decided to watch the wind for a moment, studying the patterns of the swirling gusts.

"I think I know how we can do it," he finally said. "We have to move when the wind is gentler, during those moments when it seems to rest."

Together, they began to move carefully. Every time the wind calmed, they advanced a little more. Bright Star, being light, floated gracefully, and Nico mimicked her movements.

After much effort, they managed to cross the windy river without being swept away by the strong currents.

"We did it!" Nico exclaimed, breathing a sigh of relief.

Bright Star shone even brighter.

"Thank you for your bravery and cleverness, Nico. We're one step closer to my home."

The next place they encountered was even more frightening. It was a vast plain covered by black clouds, where lightning struck constantly.

"This is the Lightning Realm," said Bright Star, trembling a little. "Here, the lightning never rests, and if it hits us, we could be trapped here forever."

Nico knew they had to be quick and careful. He observed the pattern of the lightning, trying to find a safe route.

"If we run between the strikes, we might be able to avoid getting hit," he said.

"Are you sure?" Bright Star asked nervously.

"Trust me," Nico replied with a smile. "We can do it."

They waited for a moment when the lightning seemed to calm, then dashed forward, zigzagging through the clouds. Every time a bolt struck nearby, Nico skillfully dodged it, guiding Bright Star through the danger.

Finally, they reached the other side of the plain, where the sky was clear once again.

"You're amazing, Nico!" said Bright Star, glowing with happiness. "We're so close!"

At last, after all the challenges, they arrived at a towering mountain made entirely of crystal. At the top, a bright light shone, calling out to Bright Star.

"That's my home," Bright Star whispered. "But to reach it, we must climb the Crystal Mountain."

Nico looked up. The mountain was steep and slippery, but he wasn't going to give up now.

"We'll do it together," he said with determination.

Carefully, they began to climb. Every step was difficult, but Nico and Bright Star didn't give up. They used the cracks in the crystal for support and helped each other along the way.

After a long time, they finally reached the top. Bright Star began to glow brighter and brighter until the entire sky was illuminated.

"Thank you, Nico. You've brought me home," said Bright Star. "I will never forget what you've done for me."

Suddenly, a soft light enveloped Nico, and before he knew it, he was back in his room, looking up at the sky.

The star still shone brightly, but now from its place in the sky, happy and at peace.

Nico smiled. He knew his adventure had ended, but the memory of his journey with Bright Star would stay with him forever.

# Tito y el Gigante del Bosque

Había una vez un niño llamado Tito que vivía en un pequeño pueblo al borde de un gran bosque. Tito era curioso y valiente, y le encantaba explorar la naturaleza. Pasaba horas caminando entre los árboles altos, recogiendo piedras brillantes y observando los animales.

Un día, mientras caminaba por un sendero desconocido, Tito vio algo extraño: huellas gigantes en el suelo, mucho más grandes que las de cualquier animal que conociera.

"¿De quién serán estas huellas?" se preguntó Tito, intrigado. Decidido a descubrirlo, siguió las enormes pisadas, adentrándose cada vez más en el bosque.

Las huellas lo llevaron hasta un claro escondido, donde se encontraba una cueva enorme. Tito se asomó cuidadosamente y, para su sorpresa, escuchó una voz profunda y triste que venía del interior.

—¡Oh, qué solo estoy! —dijo la voz—. Nadie quiere ser mi amigo porque soy un gigante.

Tito sintió un nudo en el estómago. A pesar de tener un poco de miedo, también sentía curiosidad. Con pasos decididos, entró en la cueva.

—Hola —dijo Tito—. Soy Tito. ¿Por qué estás tan triste?

Del fondo de la cueva salió un ser enorme, con una cara amable pero triste. Era un gigante, tal como Tito había imaginado.

—Hola, Tito —dijo el gigante con voz suave—. Me llamo Bruno. Vivo aquí solo porque todos me temen por mi tamaño. Quisiera tener un amigo, pero cada vez que me acerco a alguien, corren asustados.

Tito pensó por un momento y luego sonrió.

—Bueno, yo no te tengo miedo, Bruno —dijo Tito—. ¡Yo puedo ser tu amigo!

Los ojos de Bruno se iluminaron de alegría.

—¿De verdad? —preguntó—. ¿No te asustas de que sea tan grande?

Tito negó con la cabeza.

—No importa el tamaño. Lo que importa es cómo eres por dentro, y parece que tienes un buen corazón.

Desde ese día, Tito y Bruno se hicieron grandes amigos. Jugaban juntos en el bosque, Bruno ayudaba a Tito a alcanzar las ramas más altas de los árboles, y Tito le contaba historias sobre los habitantes del pueblo.

Unos días después, cuando Tito estaba en casa, su madre le contó algo preocupante.

—Tito, los habitantes del pueblo están preocupados. Dicen que hay un gigante en el bosque que está asustando a todos. Quieren atraparlo y echarlo.

Tito se dio cuenta de que hablaban de Bruno.

—¡No pueden hacerlo! —exclamó Tito—. Bruno es bueno, solo quiere un amigo.

Tito sabía que tenía que hacer algo para proteger a su amigo, así que ideó un plan. Reunió a los niños del pueblo y les contó sobre Bruno.

—No es peligroso —les dijo Tito—. Es amable y divertido. Si lo conocemos mejor, nos daremos cuenta de que no tenemos nada que temer.

Los niños, intrigados por la historia de Tito, aceptaron acompañarlo al bosque para conocer al gigante.

Al día siguiente, Tito guió a los niños hasta la cueva de Bruno. Al principio, algunos estaban asustados, pero Tito los animó a seguir adelante.

—Bruno, estos son mis amigos —dijo Tito cuando llegaron—. Quieren conocerte.

Bruno salió de la cueva lentamente, con una sonrisa nerviosa.

—Hola —dijo Bruno—. No quiero asustarlos. Solo quiero ser su amigo.

Los niños lo miraron con curiosidad. Uno de ellos, una niña llamada Sofía, dio un paso adelante.

—¿Podemos jugar a la pelota contigo? —preguntó tímidamente.

Bruno sonrió ampliamente.

—¡Claro que sí! —respondió—. ¡Me encantaría!

Pronto, todos los niños jugaban con Bruno. Aunque era enorme, era muy cuidadoso y gentil. Les lanzaba la pelota con suavidad y reía junto a ellos. Los niños se dieron cuenta de que, aunque Bruno era un gigante, no había nada que temer.

La noticia del amable gigante se esparció rápidamente por el pueblo. Los adultos, al ver que sus hijos volvían a casa felices y seguros, comenzaron a cambiar de opinión sobre Bruno.

Una semana después, los habitantes del pueblo organizaron una fiesta en el bosque en honor a su nuevo amigo gigante. Decoraron los árboles con luces y prepararon una gran comida.

Bruno estaba emocionado. Por primera vez en mucho tiempo, no se sentía solo.

—Gracias, Tito —dijo Bruno mientras la fiesta comenzaba—. Gracias por mostrarle a todos que no soy peligroso.

Tito sonrió.

—Siempre supe que eras especial, Bruno. Solo hacía falta que los demás lo vieran también.

Desde entonces, Bruno fue bienvenido en el pueblo siempre que quisiera. Ya no se escondía en su cueva, y Tito había ganado un amigo para toda la vida.

# Tito and the Forest Giant

Once upon a time, there was a boy named Tito who lived in a small village at the edge of a great forest. Tito was curious and brave, and he loved exploring nature. He spent hours walking among the tall trees, collecting shiny stones, and watching the animals.

One day, while walking along an unfamiliar path, Tito saw something strange: giant footprints on the ground, much larger than any animal's he'd ever seen.

"Whose footprints could these be?" Tito wondered, intrigued. Determined to find out, he followed the enormous tracks, venturing deeper into the forest.

The footprints led him to a hidden clearing, where there was a huge cave. Tito carefully peeked inside, and to his surprise, he heard a deep, sad voice coming from within.

"Oh, how lonely I am!" said the voice. "No one wants to be my friend because I'm a giant."

Tito felt a knot in his stomach. Though he was a little scared, he was also curious. With determined steps, he entered the cave.

"Hello," Tito said. "I'm Tito. Why are you so sad?"

From the depths of the cave came an enormous being with a kind but sad face. It was a giant, just as Tito had imagined.

"Hello, Tito," said the giant in a soft voice. "My name is Bruno. I live here alone because everyone fears me for my size. I wish I had a friend, but every time I approach someone, they run away, scared."

Tito thought for a moment and then smiled.

"Well, I'm not afraid of you, Bruno," Tito said. "I can be your friend!"

Bruno's eyes lit up with joy.

"Really?" he asked. "You're not scared because I'm so big?"

Tito shook his head.

"Size doesn't matter. What matters is who you are inside, and it seems like you have a good heart."

From that day on, Tito and Bruno became great friends. They played together in the forest, Bruno helped Tito reach the highest branches of the trees, and Tito told him stories about the people in the village.

A few days later, when Tito was home, his mother told him something worrisome.

"Tito, the villagers are concerned. They say there's a giant in the forest who is scaring everyone. They want to capture him and drive him away."

Tito realized they were talking about Bruno.

"They can't do that!" Tito exclaimed. "Bruno is kind; he just wants a friend."

Tito knew he had to do something to protect his friend, so he came up with a plan. He gathered the village children and told them about Bruno.

"He's not dangerous," Tito said. "He's kind and fun. If we get to know him, we'll see there's nothing to fear."

The children, intrigued by Tito's story, agreed to go to the forest to meet the giant.

The next day, Tito led the children to Bruno's cave. At first, some were scared, but Tito encouraged them to keep going.

"Bruno, these are my friends," Tito said when they arrived. "They want to meet you."

Bruno stepped out of the cave slowly, with a nervous smile.

"Hello," Bruno said. "I don't want to scare you. I just want to be your friend."

The children looked at him curiously. One of them, a girl named Sofía, stepped forward.

"Can we play ball with you?" she asked timidly.

Bruno smiled widely.

"Of course!" he replied. "I'd love to!"

Soon, all the children were playing with Bruno. Although he was enormous, he was very careful and gentle. He threw the ball softly and laughed with them. The children realized that, even though Bruno was a giant, there was nothing to fear.

Word of the kind giant spread quickly through the village. The adults, seeing their children return home happy and safe, began to change their minds about Bruno.

A week later, the villagers organized a party in the forest in honor of their new giant friend. They decorated the trees with lights and prepared a big feast.

Bruno was thrilled. For the first time in a long time, he didn't feel lonely.

"Thank you, Tito," Bruno said as the party began. "Thank you for showing everyone that I'm not dangerous."

Tito smiled.

"I always knew you were special, Bruno. The others just needed to see it too."

From then on, Bruno was welcomed in the village whenever he wanted. He no longer hid in his cave, and Tito had gained a friend for life.

# La increíble máquina de los deseos de Leo

Leo era un niño de diez años con una imaginación desbordante. Vivía en una pequeña casa con su madre y su perro llamado Manchas. Aunque Leo disfrutaba jugando con Manchas y leyendo libros de aventuras, a menudo soñaba con una vida más emocionante. Quería volar, nadar en el fondo del océano, o tener la capacidad de hacerse invisible. Pero, sobre todo, deseaba tener una máquina mágica que cumpliera cualquier deseo que él pidiera.

Una tarde, mientras caminaba por el parque después de la escuela, Leo vio algo extraño: un viejo carro oxidado cubierto de polvo y hojas. Encima del carro había un cartel que decía: "Inventos Fantásticos del Doctor Filiberto". Leo, curioso como siempre, se acercó. El carro parecía estar abandonado, pero cuando empujó la puerta, esta se abrió con un chirrido.

Dentro, había una gran cantidad de cachivaches, tuercas, engranajes y extraños dispositivos. En medio del caos, se encontraba una pequeña máquina brillante, con una palanca dorada y un botón rojo enorme en el centro. Tenía una etiqueta que decía: "La increíble máquina de los deseos."

—¡No puede ser! —exclamó Leo—. ¿Será que esto realmente funciona?

Sin pensarlo dos veces, Leo se acercó a la máquina. Estaba a punto de presionar el botón cuando escuchó una voz detrás de él.

—¿Qué crees que estás haciendo, jovencito?

Leo se giró rápidamente y vio a un hombre alto, con un largo abrigo marrón y gafas redondas. Parecía tener al menos cien años, y su cabello estaba desordenado, como si acabara de levantarse de la cama.

—Yo... solo estaba mirando —dijo Leo, nervioso—. ¿Es tuya esta máquina?

—¡Claro que es mía! —respondió el hombre—. Soy el Doctor Filiberto, inventor de cosas fantásticas y creador de la máquina de los deseos.

Leo estaba asombrado. ¡Era el mismo Doctor Filiberto del cartel!

—¿De verdad cumple deseos? —preguntó Leo, incapaz de contener su entusiasmo.

El Doctor Filiberto sonrió de manera traviesa.

—Oh, sí, cumple deseos. Pero cuidado, no todos los deseos resultan como uno espera.

—¡Quiero probarla! —exclamó Leo, con los ojos brillando de emoción.

El Doctor Filiberto lo miró detenidamente por un momento y luego asintió.

—Muy bien, pero solo un deseo por día. La máquina es poderosa, pero debe ser usada con cuidado.

Leo no perdió tiempo. Se acercó a la máquina, cerró los ojos y, antes de presionar el botón rojo, pensó en su deseo.

—Deseo... ¡volar como un pájaro!

Presionó el botón y, de repente, un fuerte viento comenzó a rodearlo. Leo sintió que su cuerpo se levantaba del suelo. Cuando abrió los ojos, estaba flotando en el aire.

—¡Estoy volando! —gritó Leo, riendo de felicidad mientras se elevaba sobre los árboles del parque.

Durante horas, voló por el cielo, jugando con las nubes y viendo su pueblo desde lo alto. Era el mejor día de su vida. Pero, al caer la tarde, algo extraño comenzó a suceder. Las alas que habían aparecido en su espalda comenzaron a encogerse.

—¡Oh no! —pensó Leo, asustado—. ¡Estoy perdiendo mis alas!

De repente, Leo comenzó a descender rápidamente. Justo cuando pensaba que caería al suelo, aterrizó suavemente sobre un montón de hojas. Se levantó, sacudiéndose el polvo, y corrió de regreso al carro del Doctor Filiberto.

—¿Te advertí, no? —dijo el Doctor, sonriendo—. Los deseos no siempre duran para siempre.

A la mañana siguiente, Leo no podía dejar de pensar en la máquina de los deseos. Aunque había perdido sus alas, la experiencia de volar había sido increíble, y quería probar otro deseo. Después de la escuela, corrió de nuevo al parque y se encontró con el Doctor Filiberto.

—¿Estás listo para tu segundo deseo? —preguntó el Doctor, ajustándose las gafas.

—¡Sí! —respondió Leo sin dudar—. Esta vez, deseo poder hablar con los animales.

Presionó el botón rojo y, de repente, todo a su alrededor cambió. Los pájaros en los árboles comenzaron a cantar, pero esta vez, Leo podía entender lo que decían.

—¡Qué día tan hermoso! —trinó un gorrión.

Leo corrió hacia Manchas, que lo estaba esperando en la entrada del parque.

—¡Manchas! —gritó Leo—. ¡Podemos hablar ahora!

Manchas lo miró con una sonrisa juguetona.

—¡Por fin me entiendes, humano! Llevaba años esperando que pudieras comprenderme.

Leo se pasó todo el día hablando con los animales del parque: los gatos, los perros, e incluso un viejo cuervo que le contó historias fascinantes sobre el mundo desde las alturas.

Sin embargo, al caer la tarde, los animales empezaron a hablar todos al mismo tiempo, creando un ruido ensordecedor. Leo no podía concentrarse.

—¡Basta! ¡No puedo escucharme a mí mismo pensar! —gritó, cubriéndose los oídos.

Corrió de regreso al Doctor Filiberto.

—¡Esto es demasiado! —exclamó—. Todos los animales hablan al mismo tiempo, no puedo soportarlo.

El Doctor Filiberto se rió.

—Los deseos tienen consecuencias, joven. ¿Estás listo para tu próximo deseo?

Leo estaba agotado por las sorpresas de los días anteriores, pero su curiosidad seguía siendo fuerte. Quería probar un último deseo.

—Sí —dijo, tomando una respiración profunda—. Esta vez, quiero algo simple. Deseo un montón de caramelos, tantos como pueda comer.

El Doctor Filiberto levantó una ceja, pero no dijo nada. Leo presionó el botón rojo y, de repente, una lluvia de caramelos comenzó a caer del cielo. Caramelos de todos los sabores y colores cubrieron el suelo del parque. Leo no podía creerlo.

—¡Este es el mejor deseo de todos! —gritó mientras corría, recogiendo puñados de caramelos y metiéndoselos en los bolsillos.

Se sentó bajo un árbol y comenzó a comer uno tras otro. Al principio, todo fue perfecto. Los caramelos sabían a fresa, chocolate, limón y menta. Pero después de unos cuantos, Leo empezó a sentirse mal. Su estómago gruñía y se revolvía.

—Oh no, creo que comí demasiado —gimió, sujetándose la barriga.

Intentó levantarse, pero se sentía demasiado pesado. Corrió de nuevo hacia el Doctor Filiberto, quien lo esperaba con una sonrisa.

—¿Muchos caramelos? —preguntó el Doctor, ya conociendo la respuesta.

—Demasiados —admitió Leo, con la cara verde—. Creo que ya no quiero más deseos.

El Doctor Filiberto lo miró con amabilidad.

—A veces, los deseos no son lo que necesitamos, Leo. Lo que realmente importa es disfrutar de lo que ya tenemos.

Leo asintió. Había aprendido una lección importante. Aunque los deseos podían ser emocionantes, también podían traer complicaciones. Al final, se dio cuenta de que su vida, con su madre, su perro Manchas y sus aventuras diarias, era bastante especial tal como era.

—Gracias, Doctor Filiberto —dijo Leo—. Creo que ya no necesito más deseos.

El Doctor asintió y sonrió mientras Leo se alejaba, contento de regresar a su vida normal, sabiendo que la verdadera magia estaba en las pequeñas cosas cotidianas.

# Leo's Incredible Wishing Machine

Leo was a ten-year-old boy with an overflowing imagination. He lived in a small house with his mother and his dog named Spots. Although Leo enjoyed playing with Spots and reading adventure books, he often dreamed of a more exciting life. He wanted to fly, swim at the bottom of the ocean, or have the ability to become invisible. But, above all, he wished for a magical machine that could grant any wish he made.

One afternoon, while walking through the park after school, Leo saw something strange: an old rusty cart covered in dust and leaves. On top of the cart was a sign that read, "Fantastic Inventions by Doctor Filiberto." Curious as always, Leo approached. The cart seemed abandoned, but when he pushed the door, it opened with a creak.

Inside, there was a huge assortment of gadgets, nuts, gears, and strange devices. In the middle of the chaos, there was a small shiny machine, with a golden lever and a large red button in the center. It had a label that said, "The Incredible Wishing Machine."

"It can't be!" exclaimed Leo. "Could this really work?"

Without a second thought, Leo approached the machine. He was about to press the button when he heard a voice behind him.

"What do you think you're doing, young man?"

Leo quickly turned around and saw a tall man wearing a long brown coat and round glasses. He looked at least a hundred years old, and his hair was messy, as if he had just gotten out of bed.

"I... I was just looking," said Leo nervously. "Is this machine yours?"

"Of course it's mine!" replied the man. "I am Doctor Filiberto, inventor of fantastic things and creator of the Wishing Machine."

Leo was amazed. It was the same Doctor Filiberto from the sign!

"Does it really grant wishes?" asked Leo, unable to contain his excitement.

Doctor Filiberto smiled mischievously.

"Oh yes, it grants wishes. But be careful, not all wishes turn out as expected."

"I'd like to try it!" Leo exclaimed, his eyes gleaming with excitement.

Doctor Filiberto studied him for a moment and then nodded.

"Very well, but only one wish per day. The machine is powerful but must be used carefully."

Leo wasted no time. He approached the machine, closed his eyes, and, before pressing the red button, thought of his wish.

"I wish... to fly like a bird!"

He pressed the button, and suddenly, a strong wind began to swirl around him. Leo felt his body lift off the ground. When he opened his eyes, he was floating in the air.

"I'm flying!" Leo shouted, laughing with joy as he soared above the park's trees.

For hours, he flew through the sky, playing with the clouds and seeing his town from above. It was the best day of his life. But as evening fell, something strange began to happen. The wings that had appeared on his back started to shrink.

"Oh no!" Leo thought, frightened. "I'm losing my wings!"

Suddenly, Leo began to descend quickly. Just as he thought he would crash into the ground, he landed softly on a pile of leaves. He stood up, dusting himself off, and ran back to Doctor Filiberto's cart.

"Didn't I warn you?" said the Doctor, smiling. "Wishes don't always last forever."

The next morning, Leo couldn't stop thinking about the Wishing Machine. Although he had lost his wings, the experience of flying had been incredible, and he wanted to try another wish. After school, he ran back to the park and found Doctor Filiberto.

"Are you ready for your second wish?" asked the Doctor, adjusting his glasses.

"Yes!" Leo replied without hesitation. "This time, I wish to talk to animals."

He pressed the red button, and suddenly, everything around him changed. The birds in the trees began to sing, but this time, Leo could understand what they were saying.

"What a beautiful day!" chirped a sparrow.

Leo ran to Spots, who was waiting for him at the park's entrance.

"Spots!" Leo shouted. "We can talk now!"

Spots looked at him with a playful grin.

"Finally, you understand me, human! I've been waiting years for you to comprehend me."

Leo spent the whole day talking to the animals in the park: the cats, the dogs, and even an old crow who told him fascinating stories about the world from above.

However, by evening, the animals started talking all at once, creating a deafening noise. Leo couldn't concentrate.

"Enough! I can't hear myself think!" he shouted, covering his ears.

He ran back to Doctor Filiberto.

"This is too much!" Leo exclaimed. "All the animals are talking at the same time, I can't handle it."

Doctor Filiberto laughed.

"Wishes have consequences, young man. Are you ready for your next wish?"

Leo was exhausted from the surprises of the previous days, but his curiosity was still strong. He wanted to try one last wish.

"Yes," he said, taking a deep breath. "This time, I want something simple. I wish for a mountain of candy, as much as I can eat."

Doctor Filiberto raised an eyebrow but said nothing. Leo pressed the red button, and suddenly, a shower of candy began to fall from the sky. Candies of all flavors and colors covered the park ground. Leo couldn't believe it.

"This is the best wish ever!" he shouted as he ran, grabbing handfuls of candy and stuffing them into his pockets.

He sat under a tree and began eating one after another. At first, everything was perfect. The candies tasted like strawberry, chocolate, lemon, and mint. But after a few, Leo started to feel sick. His stomach growled and churned.

"Oh no, I think I ate too much," he groaned, clutching his belly.

He tried to stand up but felt too heavy. He ran back to Doctor Filiberto, who was waiting with a knowing smile.

"Too many sweets?" asked the Doctor, already knowing the answer.

"Too many," admitted Leo, his face turning green. "I think I don't want any more wishes."

Doctor Filiberto looked at him kindly.

"Sometimes, wishes aren't what we need, Leo. What really matters is enjoying what we already have."

Leo nodded. He had learned an important lesson. Although wishes could be exciting, they could also bring complications. In the end, he realized that his life, with his mother, his dog Spots, and his daily adventures, was quite special just the way it was.

"Thank you, Doctor Filiberto," said Leo. "I think I don't need any more wishes."

The Doctor nodded and smiled as Leo walked away, happy to return to his normal life, knowing that the real magic lay in the little everyday things.

# La travesura mágica de Úrsula

En un pequeño y encantado bosque, donde los árboles parecían susurrar secretos y los ríos cantaban melodías suaves, vivía una unicornio llamada Úrsula. Úrsula no era una unicornio cualquiera; sus cuernos eran de un resplandeciente arcoíris que cambiaba de color según su estado de ánimo, y su melena brillaba con estrellas diminutas que parpadeaban cuando se emocionaba. A pesar de su apariencia mágica, Úrsula tenía un pequeño problema: ¡le encantaban las travesuras!

Úrsula siempre estaba buscando nuevas maneras de hacer bromas a los animales del bosque. Algunas veces cambiaba el color de las plumas de los pájaros, otras veces transformaba a los conejos en ranas por unos minutos, o hacía que los árboles bailaran como si estuvieran en una fiesta. Las criaturas del bosque se reían de sus bromas la mayor parte del tiempo, pero a veces, sus travesuras causaban problemas.

Una mañana soleada, mientras Úrsula paseaba por el claro del bosque, vio a un grupo de ardillas saltando de un árbol a otro, recolectando bellotas para el invierno. Una idea brillante apareció en la mente de Úrsula. Decidió hacer que las bellotas de las ardillas desaparecieran cada vez que intentaran recoger una.

—¡Esto será muy divertido! —dijo Úrsula, sonriendo traviesamente.

Con un toque de su cuerno arcoíris, hizo que las bellotas desaparecieran en cuanto una ardilla se acercaba a ellas. Las ardillas estaban completamente confundidas. Una tras otra, corrían hacia las bellotas, solo para verlas desaparecer en un parpadeo.

—¿Dónde están nuestras bellotas? —chillaba una ardilla llamada Tito.

Las demás ardillas se unieron al alboroto, buscando las bellotas por todas partes, mientras Úrsula observaba desde un arbusto cercano, riendo en silencio.

—¡Qué bromista soy! —pensó Úrsula, encantada de su ingenio.

Pero su diversión no duró mucho, porque pronto el alboroto de las ardillas atrajo la atención del sabio búho Olimpo, el guardián del bosque.

Olimpo, que siempre mantenía la paz en el bosque, descendió majestuosamente desde las copas de los árboles y aterrizó frente a las ardillas.

—¿Qué sucede aquí? —preguntó Olimpo, con su voz profunda y calmada.

Tito, aún sin aliento, señaló hacia los árboles vacíos.

—¡Nuestras bellotas desaparecen cuando intentamos recogerlas!

Olimpo miró a las ardillas, luego levantó su mirada sabia hacia los árboles y vio algo extraño. El aire brillaba levemente, como si estuviera encantado.

—Hmmm... —murmuró Olimpo, entrecerrando los ojos—. Esto huele a travesura mágica.

Sabía exactamente quién era la responsable.

—Úrsula —dijo Olimpo en voz alta, sabiendo que la unicornio estaría cerca, observando.

Úrsula salió del arbusto con una sonrisa inocente, pero sabiendo que había sido descubierta.

—Solo era una pequeña broma —dijo ella—. No quería causar problemas.

Olimpo la miró con severidad, pero con un destello de paciencia en sus ojos.

—Úrsula, sabes que la magia es poderosa y puede ser divertida, pero también debe ser utilizada con cuidado. Las travesuras pueden parecer inofensivas, pero a veces, causan más daño del que piensas.

Úrsula se encogió de hombros, sintiéndose un poco avergonzada. Sabía que Olimpo tenía razón. Pero antes de que pudiera disculparse, las ardillas comenzaron a hablar todas a la vez.

—¡Es la tercera vez esta semana que desaparecen nuestras cosas! —gritó Tito.

—¡Sí! ¡El otro día eran nuestros nidos! —se quejó otra ardilla.

Úrsula sintió que sus orejas se ponían rojas de vergüenza.

—Lo siento —dijo, bajando la cabeza—. No pensé que fuera tan grave.

Olimpo asintió con suavidad.

—Lo sé, Úrsula. Pero para enmendarlo, quiero que hoy uses tu magia para ayudar en lugar de bromear. Las ardillas necesitan recolectar sus bellotas antes del invierno. ¿Te parece justo?

Úrsula levantó la cabeza y sonrió.

—¡Sí! ¡Puedo ayudar con eso!

Con un toque de su cuerno arcoíris, las bellotas desaparecidas volvieron a aparecer, pero esta vez, Úrsula fue un paso más allá. Hizo que las bellotas flotaran en el aire y volaran directamente hacia las ardillas, quienes las atraparon con asombro.

—¡Gracias, Úrsula! —gritó Tito, mientras corría con una pila de bellotas en sus brazos.

Las ardillas aplaudieron emocionadas y pronto el bosque volvió a su tranquila armonía. Úrsula se sintió bien al haber ayudado, pero sabía que tenía que aprender a controlar mejor sus impulsos traviesos.

Pasaron los días y Úrsula se esforzaba por ser más cuidadosa con sus bromas. Sin embargo, su espíritu travieso nunca desaparecía del todo. Un día, mientras paseaba por el bosque, escuchó una conversación inusual. Unos pájaros hablaban nerviosos sobre un grupo de trolls que había sido visto en las afueras del bosque.

—Los trolls están buscando algo en el bosque —decía un pájaro azul.

—¡Dicen que es un tesoro mágico! —añadió otro.

Úrsula frunció el ceño. Los trolls eran conocidos por causar problemas dondequiera que fueran. Si estaban buscando un tesoro mágico, eso solo podía significar problemas.

Decidida a evitar que los trolls encontraran el tesoro, Úrsula decidió adelantarse. Recordaba haber escuchado historias sobre un viejo cofre encantado escondido en el corazón del bosque, bajo el Gran Árbol Sabio. Si los trolls lo encontraban, podrían desatar un caos inimaginable.

—¡Tengo que encontrarlo antes que ellos! —pensó Úrsula, con determinación.

Úrsula se puso en marcha rápidamente, galopando entre los árboles. Sabía que tendría que usar toda su magia y astucia para encontrar el tesoro y protegerlo de los trolls.

Cuando llegó al Gran Árbol Sabio, respiraba con dificultad. El árbol, con su imponente altura y sus ramas que parecían tocar el cielo, la recibió con un suave susurro.

—Te estaba esperando, Úrsula —dijo el Gran Árbol con una voz profunda y serena.

—¿Sabías que venía? —preguntó Úrsula, sorprendida.

—Los trolls han estado causando revuelo en el bosque. Sé que están buscando el cofre encantado, y tú eres la única que puede detenerlos.

Úrsula asintió, sintiéndose un poco más valiente con las palabras del Gran Árbol. Pero justo cuando se disponía a preguntar cómo encontrar el cofre, un fuerte crujido resonó entre los árboles. ¡Los trolls estaban cerca!

Úrsula no tenía tiempo que perder. Se concentró y con un toque de su cuerno arcoíris, lanzó un hechizo que envolvió al Gran Árbol Sabio en una niebla espesa, haciéndolo invisible para los trolls.

—Eso debería mantenerlos alejados por un tiempo —susurró Úrsula, esperando que su hechizo fuera lo suficientemente fuerte.

Los trolls se acercaron, gruñendo y resoplando, pero no pudieron ver el Gran Árbol. Después de unos minutos de confusión, se marcharon refunfuñando.

Úrsula suspiró aliviada, pero sabía que el peligro no había pasado.

—El cofre está justo bajo mis raíces —dijo el Gran Árbol—, pero debes prometerme que no lo abrirás. Su magia es demasiado poderosa.

Úrsula asintió solemnemente.

—Lo protegeré, lo prometo.

Con un toque de su cuerno, Úrsula desenterró el cofre. Era un objeto antiguo y polvoriento, cubierto de inscripciones brillantes que cambiaban de color como su cuerno. Decidió llevar el cofre a un lugar más seguro, lejos del bosque, para que los trolls nunca lo encontraran.

Galopó rápidamente hacia las montañas, donde los trolls no podían seguirla, y escondió el cofre en una cueva profunda, sellándolo con un hechizo protector.

—Misión cumplida —dijo Úrsula, sonriendo satisfecha.

Regresó al bosque, donde fue recibida como una heroína. Las criaturas del bosque, agradecidas por su valentía, la llenaron de abrazos y sonrisas.

Olimpo, el sabio búho, la miró desde lo alto de una rama.

—Has aprendido bien, Úrsula. A veces, la magia más poderosa no está en las travesuras, sino en el coraje y la responsabilidad.

Úrsula asintió, sabiendo que había cambiado para mejor. Y aunque nunca dejaría de ser una unicornio traviesa, también sabía que, cuando el bosque la necesitaba, siempre estaría allí para ayudar.

# Ursula's Magical Mischief

In a small enchanted forest, where the trees seemed to whisper secrets and the rivers sang soft melodies, lived a unicorn named Ursula. Ursula was no ordinary unicorn; her horn was a radiant rainbow that changed colors depending on her mood, and her mane shimmered with tiny stars that twinkled when she got excited. Despite her magical appearance, Ursula had one small problem: she loved pranks!

Ursula was always looking for new ways to play tricks on the forest animals. Sometimes she changed the color of birds' feathers, other times she transformed rabbits into frogs for a few minutes, or made the trees dance as if they were at a party. Most of the forest creatures laughed at her jokes, but sometimes her tricks caused problems.

One sunny morning, while Ursula was strolling through the forest clearing, she saw a group of squirrels jumping from tree to tree, gathering acorns for winter. A brilliant idea popped into Ursula's head. She decided to make the squirrels' acorns disappear every time they tried to pick one up.

"This is going to be so much fun!" Ursula said, smiling mischievously.

With a touch of her rainbow horn, she made the acorns disappear as soon as a squirrel got near them. The squirrels were completely confused. One after another, they ran to the acorns only to see them vanish in the blink of an eye.

"Where are our acorns?" squeaked a squirrel named Tito.

The other squirrels joined in the commotion, looking for the acorns everywhere, while Ursula watched from a nearby bush, laughing quietly.

"What a prankster I am!" Ursula thought, delighted by her cleverness.

But her fun didn't last long, because soon the squirrels' fuss attracted the attention of the wise owl, Olympus, the forest's guardian.

Olympus, who always kept the peace in the forest, descended majestically from the treetops and landed in front of the squirrels.

"What's going on here?" Olympus asked, his deep, calm voice resonating through the clearing.

Tito, still out of breath, pointed to the empty trees.

"Our acorns disappear whenever we try to pick them up!"

Olympus looked at the squirrels, then raised his wise gaze toward the trees and saw something strange. The air shimmered slightly, as if enchanted.

"Hmmm..." murmured Olympus, narrowing his eyes. "This smells like magical mischief."

He knew exactly who was responsible.

"Ursula," Olympus said aloud, knowing the unicorn would be nearby, watching.

Ursula stepped out of the bush with an innocent smile, knowing she had been caught.

"It was just a little joke," she said. "I didn't mean to cause any trouble."

Olympus looked at her sternly but with a glimmer of patience in his eyes.

"Ursula, you know magic is powerful and can be fun, but it also has to be used with care. Pranks may seem harmless, but sometimes they cause more harm than you think."

Ursula shrugged, feeling a bit embarrassed. She knew Olympus was right. But before she could apologize, the squirrels began talking all at once.

"This is the third time this week our things have disappeared!" Tito shouted.

"Yeah! The other day it was our nests!" complained another squirrel.

Ursula felt her ears turn red with shame.

"I'm sorry," she said, lowering her head. "I didn't think it was that serious."

Olympus nodded gently.

"I know, Ursula. But to make it up, I want you to use your magic to help today, instead of playing pranks. The squirrels need to gather their acorns before winter. Does that seem fair?"

Ursula lifted her head and smiled.

"Yes! I can help with that!"

With a touch of her rainbow horn, the missing acorns reappeared, but this time, Ursula went a step further. She made the acorns float in the air and fly directly to the squirrels, who caught them in astonishment.

"Thank you, Ursula!" Tito shouted, as he ran with a pile of acorns in his arms.

The squirrels cheered excitedly, and soon the forest returned to its peaceful harmony. Ursula felt good about helping, but she knew she had to learn to control her mischievous impulses better.

Days passed, and Ursula tried hard to be more careful with her jokes. However, her mischievous spirit never entirely disappeared. One day, while wandering through the forest, she overheard an unusual conversation. Some birds were nervously talking about a group of trolls that had been seen on the edge of the forest.

"The trolls are looking for something in the forest," said a bluebird.

"They say it's a magical treasure!" added another.

Ursula frowned. Trolls were known for causing trouble wherever they went. If they were looking for a magical treasure, that could only mean problems.

Determined to stop the trolls from finding the treasure, Ursula decided to get ahead of them. She remembered hearing stories about an old enchanted chest hidden in the heart of the forest, under the Great Wise Tree. If the trolls found it, they could unleash unimaginable chaos.

"I have to find it before they do!" Ursula thought with determination.

Ursula quickly set off, galloping between the trees. She knew she would have to use all her magic and cunning to find the treasure and protect it from the trolls.

When she arrived at the Great Wise Tree, she was out of breath. The tree, with its towering height and branches that seemed to touch the sky, greeted her with a soft whisper.

"I've been expecting you, Ursula," said the Great Tree, its voice deep and serene.

"You knew I was coming?" Ursula asked, surprised.

"The trolls have been stirring up trouble in the forest. I know they're searching for the enchanted chest, and you're the only one who can stop them."

Ursula nodded, feeling a bit braver with the tree's words. But just as she was about to ask how to find the chest, a loud crackling noise echoed through the trees. The trolls were close!

Ursula had no time to lose. She concentrated, and with a touch of her rainbow horn, cast a spell that wrapped the Great Wise Tree in a thick mist, making it invisible to the trolls.

"That should keep them away for a while," Ursula whispered, hoping her spell was strong enough.

The trolls came closer, grunting and snorting, but they couldn't see the Great Tree. After a few minutes of confusion, they stomped away, grumbling.

Ursula sighed with relief, but she knew the danger wasn't over yet.

"The chest is right under my roots," said the Great Tree, "but you must promise me you won't open it. Its magic is too powerful."

Ursula nodded solemnly.

"I'll protect it, I promise."

With a touch of her horn, Ursula unearthed the chest. It was an ancient and dusty object, covered in glowing inscriptions that changed colors like her horn. She decided to take the chest to a safer place, far from the forest, so the trolls would never find it.

She galloped swiftly toward the mountains, where the trolls couldn't follow, and hid the chest in a deep cave, sealing it with a protective spell.

"Mission accomplished," Ursula said, smiling with satisfaction.

She returned to the forest, where she was greeted as a hero. The forest creatures, grateful for her bravery, showered her with hugs and smiles.

Olympus, the wise owl, looked at her from a high branch.

"You've learned well, Ursula. Sometimes the most powerful magic isn't in pranks, but in courage and responsibility."

Ursula nodded, knowing she had changed for the better. And although she would never stop being a mischievous unicorn, she also knew that when the forest needed her, she would always be there to help.

# El Flamenco Fabuloso

Había una vez, en una isla muy lejana, un flamenco llamado Fabio. Fabio no era como los demás flamencos. Mientras todos los demás pasaban sus días tranquilos en la laguna, Fabio soñaba con algo más grande: ¡quería bailar!

Desde que era pequeño, Fabio se había sentido diferente. Sus largos y delgados pies siempre querían moverse, y su cuello esbelto se balanceaba de un lado a otro cuando escuchaba el suave murmullo del viento. Sus alas se agitaban como si estuvieran listas para emprender un baile mágico. Mientras los otros flamencos solo se posaban elegantemente en el agua, Fabio soñaba con saltar, girar y volar con estilo.

Una mañana, Fabio decidió que era el momento de seguir sus sueños. "Voy a aprender a bailar", se dijo, mirándose en el reflejo del agua. "Voy a convertirme en el flamenco más fabuloso que jamás haya existido."

Con determinación, Fabio emprendió su viaje. Viajó por la isla en busca de alguien que le enseñara a bailar. Primero, visitó a un grupo de loros en lo alto de las palmeras.

—¡Hola! —gritó Fabio—. ¿Alguien de ustedes sabe bailar?

Los loros se miraron entre sí y uno de ellos, un loro llamado Paco, se rió y dijo:

—¡Nosotros no bailamos, Fabio! Solo sabemos hablar, cantar, y repetir lo que escuchamos.

Fabio suspiró. Sabía que no encontraría lo que buscaba allí. Pero no se dio por vencido.

Continuó su viaje hasta el lado más lejano de la isla, donde vivía un grupo de cangrejos en la arena dorada.

—¿Sabéis bailar? —les preguntó Fabio con esperanza.

Los cangrejos se movieron de lado a lado, pero uno de ellos, llamado Carlos, respondió:

—Nosotros solo sabemos caminar de lado. Si eso cuenta como bailar, entonces sí, ¡somos los mejores!

Pero Fabio no quería caminar de lado. Él quería saltar y girar con gracia. Agradeció a los cangrejos y siguió adelante.

El último lugar al que Fabio fue fue a la selva, donde vivían unos monos muy alegres. Cuando Fabio les preguntó si sabían bailar, los monos rieron y empezaron a balancearse de rama en rama.

—¡Nosotros no bailamos en el suelo! —dijo Mona, la líder de los monos—. Pero podemos enseñarte a balancearte de los árboles.

Fabio, con una sonrisa, les agradeció y decidió que su respuesta no estaba en los árboles, sino en sus propios pies. Pero algo dentro de él le decía que no debía rendirse.

Después de varios días de búsqueda sin éxito, Fabio regresó a la laguna sintiéndose un poco triste. "Quizás bailar no es para los flamencos", pensó. Justo cuando estaba a punto de rendirse, vio algo brillar en la arena.

Se acercó y encontró a una pequeña estrella de mar que estaba atrapada en una red.

—¡Ayúdame, por favor! —gritó la estrella de mar—. ¡No puedo salir!

Fabio, sin dudarlo, utilizó su largo pico para liberar a la estrella de mar. Ella, agradecida, se presentó:

—Me llamo Estrella, y como agradecimiento, voy a ayudarte a encontrar lo que buscas. ¿Qué es lo que tanto deseas?

Fabio le contó a Estrella sobre su sueño de bailar, pero que no había encontrado a nadie que pudiera enseñarle.

Estrella sonrió.

—¡El baile no está en los demás, Fabio! Está dentro de ti. ¡Solo tienes que dejar que tu corazón guíe tus movimientos!

Fabio se quedó pensando en las palabras de Estrella. Cerró los ojos y dejó que el sonido del viento, el susurro de las olas y el canto de los pájaros llenaran su mente. Poco a poco, sus pies comenzaron a moverse. Primero, un paso suave hacia adelante. Luego, uno hacia atrás. Su cuello se balanceaba, y sus alas comenzaron a abrirse.

—¡Eso es, Fabio! —animó Estrella—. ¡Sigue así!

Fabio, con confianza renovada, empezó a girar. Saltó, batió sus alas y se deslizó por la arena como si siempre hubiera sabido bailar. No necesitaba una lección de nadie. El ritmo estaba dentro de él todo el tiempo.

Después de su descubrimiento, Fabio regresó a la laguna, donde todos los flamencos lo miraban con curiosidad. Sabían que había estado buscando algo, pero no entendían qué.

—¿Qué has estado haciendo todo este tiempo, Fabio? —le preguntaron.

Fabio, con una gran sonrisa, les dijo:

—He aprendido a bailar.

Los demás flamencos se miraron, confundidos.

—¿Un flamenco, bailar? —se rió uno—. ¡Eso nunca ha sucedido!

Pero Fabio no se dejó desanimar. Caminó hacia el centro de la laguna, levantó sus alas y empezó a moverse. Al principio, los flamencos solo lo miraban. Pero luego, algo increíble sucedió: uno por uno, empezaron a unirse a él.

Primero, tímidamente, con pequeños pasos. Luego, con más energía. ¡Los flamencos empezaron a bailar! El agua salpicaba alrededor de ellos mientras sus patas largas y delgadas se movían al compás de un ritmo que solo ellos podían escuchar.

Fabio lideraba a todos, mostrando que cualquier cosa es posible si uno sigue sus sueños y deja que su corazón lo guíe. Y desde ese día, la laguna no fue la misma. Cada tarde, cuando el sol se ponía y pintaba el cielo de colores rosados y dorados, los flamencos bailaban al compás de las olas, con Fabio siempre en el centro, como el flamenco fabuloso que había nacido para ser.

# The Fabulous Flamingo

Once upon a time, on a faraway island, there lived a flamingo named Fabio. Fabio was not like the other flamingos. While all the others spent their peaceful days in the lagoon, Fabio dreamed of something bigger: he wanted to dance!

Ever since he was little, Fabio had felt different. His long, thin feet always wanted to move, and his slender neck swayed from side to side whenever he heard the gentle whisper of the wind. His wings fluttered as if they were ready to perform a magical dance. While the other flamingos stood elegantly in the water, Fabio dreamed of jumping, spinning, and flying with style.

One morning, Fabio decided it was time to follow his dreams. "I'm going to learn how to dance," he said, gazing at his reflection in the water. "I'm going to become the most fabulous flamingo that ever lived."

With determination, Fabio set off on his journey. He traveled across the island in search of someone who could teach him to dance. First, he visited a group of parrots perched high in the palm trees.

"Hello!" Fabio called out. "Does anyone here know how to dance?"

The parrots looked at each other, and one of them, a parrot named Paco, laughed and said:

"We don't dance, Fabio! We only know how to talk, sing, and repeat what we hear."

Fabio sighed. He knew he wouldn't find what he was looking for there. But he didn't give up.

He continued his journey to the far side of the island, where a group of crabs lived on the golden sand.

"Do any of you know how to dance?" Fabio asked hopefully.

The crabs scuttled from side to side, but one of them, named Carlos, replied:

"We only know how to walk sideways. If that counts as dancing, then yes, we're the best!"

But Fabio didn't want to walk sideways. He wanted to leap and spin gracefully. He thanked the crabs and moved on.

The last place Fabio visited was the jungle, where some cheerful monkeys lived. When Fabio asked them if they knew how to dance, the monkeys laughed and started swinging from branch to branch.

"We don't dance on the ground!" said Mona, the leader of the monkeys. "But we can teach you how to swing from the trees."

Fabio smiled and thanked them, realizing that his answer wasn't in the trees, but in his own feet. Still, something inside him told him not to give up.

After several days of searching without success, Fabio returned to the lagoon feeling a little sad. "Maybe dancing isn't for flamingos," he thought. Just as he was about to give up, he saw something sparkle in the sand.

He approached and found a small starfish trapped in a net.

"Help me, please!" cried the starfish. "I can't get out!"

Without hesitation, Fabio used his long beak to free the starfish. She thanked him and introduced herself:

"My name is Star, and as a thank you, I'm going to help you find what you're looking for. What is it that you desire?"

Fabio told Star about his dream of dancing but how he hadn't found anyone who could teach him.

Star smiled.

"Dance isn't in others, Fabio! It's inside you. You just have to let your heart guide your movements!"

Fabio thought about Star's words. He closed his eyes and let the sound of the wind, the whisper of the waves, and the song of the birds fill his mind. Slowly, his feet began to move. First, a gentle step forward. Then, one back. His neck swayed, and his wings began to unfold.

"That's it, Fabio!" Star cheered. "Keep going!"

With renewed confidence, Fabio started spinning. He jumped, flapped his wings, and glided across the sand as if he had always known how to dance. He didn't need a lesson from anyone. The rhythm had been inside him all along.

After his discovery, Fabio returned to the lagoon, where all the flamingos watched him with curiosity. They knew he had been searching for something, but they didn't understand what.

"What have you been doing all this time, Fabio?" they asked.

With a big smile, Fabio replied:

"I've learned how to dance."

The other flamingos looked at each other, confused.

"A flamingo, dancing?" one laughed. "That's never happened before!"

But Fabio wasn't discouraged. He walked to the center of the lagoon, raised his wings, and began to move. At first, the flamingos just watched. But then, something incredible happened: one by one, they started joining him.

First, timidly, with small steps. Then, with more energy. The flamingos began to dance! Water splashed around them as their long, thin legs moved to the beat of a rhythm only they could hear.

Fabio led them all, showing that anything is possible if you follow your dreams and let your heart guide you. And from that day on, the lagoon was never the same. Every evening, as the sun set and painted the sky pink and gold, the flamingos danced to the rhythm of the waves, with Fabio always at the center, the fabulous flamingo he was born to be.